# NOTICE SUR LES PLANIMÈTRES

OU

## OBSERVATIONS

THÉORIQUES ET PRATIQUES SUR L'ORIGINE,
L'UTILITÉ ET L'EMPLOI DES PLANIMÈTRES EN GÉNÉRAL
DANS TOUTES LES OPÉRATIONS GÉODÉSIQUES,
NOTAMMENT DANS L'EXÉCUTION
DES OPÉRATIONS CADASTRALES,

suivies d'une réponse à quelques critiques concernant le
**PLANIMÈTRE-OLARITHME-LAUR;**

par J.-A. Laur,

INGÉNIEUR CIVIL,
ANCIEN GÉOMÈTRE EN CHEF DU CADASTRE.

---

NOYON.
TYPOGRAPHIE ANDRIEUX-LETELLIER.
1859

# NOTICE
# SUR LES PLANIMÈTRES.

14841

# NOTICE

# SUR LES PLANIMÈTRES.

---

## § I$^{er}$. — ORIGINE DES PLANIMÈTRES.

1. — L'invention des planimètres usuels, du moins des plus accrédités, remonte à 1808—1809, c'est-à-dire au début du Cadastre général parcellaire de l'Empire français, et avait pour but d'abréger et de simplifier les opérations graphiques, les calculs fastidieux et les registres encombrants qui s'exécutaient dans les bureaux des géomètres en chef des départements, après le levé des plans parcellaires.

2. — On sait que, jusqu'à cette époque, pour obtenir la mesure graphique des surfaces ou parcelles agraires décrites géométriquement sur les plans, on subdivisait chaque parcelle en triangles ou trapèzes, qu'on numérotait avec des

lettres alphabétiques, quand cette parcelle avait plus de quatre côtés, et que le levé graphique des bases et des hauteurs de ces triangles ou trapèzes s'effectuait, tant bien que mal, au moyen du décimètre à biseau gradué, ou de l'échelle proportionnelle et du compas de main. Les calculs nécessaires se faisaient ensuite par les règles ordinaires de l'arithmétique, ou avec le secours des tables de logarithmes, lesquelles furent bientôt remplacées par de nouvelles tables, beaucoup plus abréviatives, uniquement destinées aux multiplications.

3. — Il est encore utile d'annoter que les prescriptions de l'autorité administrative dirigeante, étrangère en quelque sorte à l'art géodésique et aux procédés iconographiques, allaient jusqu'à *proscrire* tout instrument et procédé, bon ou mauvais, qui ne laissait pas des traces de son application mécanique ou graphique sur les plans, par cette raison, sous-entendue, que la sous-division en triangles ou trapèzes ainsi numérotés, et enregistrés avec tous les éléments de calcul nécessaires, était seule à la portée des nombreux agents départementaux des contributions directes, surveillants ou appelés à prendre une part quelconque à l'entreprise, notamment aux expertises et à la confection des matrices cadastrales.

4. — Or, l'Empire de l'époque était supposé devoir contenir environ trois cents millions de parcelles, et chaque parcelle, d'après la règle, autant de triangles qu'elle avait de côtés moins deux. Comme les parcelles de quatre à cinq côtés sont généralement dominantes, bien qu'il s'en trouve un certain nombre ayant de 5 à 10, à 20, à 100, à 1,000 côtés et plus, on peut admettre, en moyen terme, 5 à 6 côtés par parcelle. C'était donc, pour tout l'Empire, environ 1,800,000 triangles ou trapèzes pour lesquels il fallait se résoudre à faire 1° un tracé, 2° un numérotage, 3° un mesurage graphique des lignes de base et de hauteur à l'échelle ou au compas de main; 4° l'enregistrement des longueurs desdites lignes, 5° la multiplication de ces longueurs l'une par l'autre, 6° l'addition des produits des facteurs, 7° et enfin l'insertion par ordre, dans de volumineux registres à encombrer les archives cadastrales, des résultats

obtenus, après les avoir revisés et compulsés, ces résultats, dix fois peut-être, pour rechercher et rectifier une partie des erreurs matérielles qu'ils pouvaient contenir, que le hasard seul faisait souvent découvrir, et qui avaient défié les plus habiles praticiens.

5. — De cette confusion de chiffres et de chances d'erreurs à encourir, naquit donc l'idée générale de rechercher et d'user de procédés plus simples et plus économiques; et le premier qui s'offrit au grand nombre des géomètres en chef des départements, chargés de cette lourde besogne, fut naturellement celui, généralement connu, mais non usité jusque-là, de la transformation mécanique de toute parcelle de plus de quatre côtés en son triangle ou quadrilatère équivalent, ce qui devait simplifier et abréger cette branche importante de l'entreprise de plus de la moitié du temps et de la dépense qu'elle occasionnait.

6. — La principale difficulté ainsi vaincue dans les idées des praticiens, restait encore celle, non moins chanceuse à vaincre qu'à aborder, de faire considérer en haut lieu le procédé adopté comme indispensable dans l'intérêt général de l'entreprise, en d'autres termes, de le faire admettre d'abord par l'autorité supérieure, et de la rendre ensuite, si non populaire, du moins praticable et accessible au nombreux personnel des bureaux, généralement routinier, que cette innovation menaçait de *décimer* et *licencier* en partie. Mais, nonobstant ces fâcheuses prévisions, inséparables de tout progrès artistique qui froisse certains intérêts privés, plusieurs géomètres en chef, certains d'améliorer, en même temps, leur condition et l'entreprise qui leur était confiée, passèrent outre à toutes prescriptions et oppositions bureaucratiques, bien convaincus d'avance que les résultats irréprochables et économiques qui résulteraient de l'application de leurs nouveaux procédés de transformation et de calcul des surfaces du parcellaire, triompheraient de toutes résistances systématiques ou intéressées.

§ II.— SUR LES DIVERS SYSTÈMES LES PLUS ACCRÉDITÉS.

ART. 1$^{er}$. — *Procédé Rigaux.*

7. — Le premier système qui prévalut contre toutes

préventions et prescriptions, fut celui de M. Rigaux, ingénieur-vérificateur du Cadastre du département du Cantal, et avec lequel la presque totalité du calcul des surfaces du parcellaire de ce département fut exécuté dès 1809.

Ce système ou procédé consiste dans la transformation de tout polygone en trapèzes ou triangles d'une même hauteur de 10 mètres, ce qui réduit l'opération à la seule mesure progressive des bases, et à l'addition successive de leur longueur, dont le résultat sommaire est multiplié par 10, moyennant l'addition d'un zéro final.

8. — Ce système qui paraît, au premier aperçu, devoir être long et compliqué, vu qu'il faut presque autant de temps pour la transformation et le calcul d'un triangle que pour ceux d'un polygone sinueux de même surface, se simplifie d'une manière inattendue, au moyen d'une plaque de verre ou corne transparente et rectangulaire, qui est graduée, d'une part, parallèlement à sa base, par des lignes transversales, espacées de deux mètres l'une de l'autre, et, d'autre part, parallèlement à sa hauteur, par des lignes espacées de dix mètres.

Cette plaque ainsi graduée, étant placée diagonalement ou sur l'un des côtés de chaque parcelle décrite sur un plan, indique immédiatement la sous-division requise, et la longueur des bases à additionner et à multiplier par 10.

Enfin, pour abréger et simplifier cette addition sommaire des bases, on fait usage d'une grande roue dentée, dite *roulette sommatoire*, qui en engraine deux autres plus petites, établies sur le même cadre, et qui, pour transformer la quantité de mètres carrés contenus dans chaque polygone, en ares, décares et hectares, fait les fonctions de l'aiguille des secondes d'une montre qu'on pourrait faire pivoter arbitrairement selon des quantités diverses de secondes pour composer progressivement sur des cadrans accessoires, les minutes, les heures, les jours, etc.

9. — Ce système exige, comme on le pense bien, deux employés qui se transmettent à *haute voix* les éléments de calcul et les résultats à enregistrer. Il y a là déjà un inconvénient assez grave, intolérable même dans un bureau occupé par un certain nombre d'autres employés; mais le principal

inconvénient, selon nous, c'est le prix, le poids et le volume de l'ensemble du cadre de cette roulette, qui ne permettent pas de le généraliser et mettre à la convenance des nombreux praticiens.

10. — Il est utile de noter que, malgré les inconvénients que nous venons de signaler, ce système a prévalu et progressé sous diverses formes, sans réduction de prix, et avec très-peu de réduction dans son poids et ses dimensions, et qu'il est aujourd'hui très-utilement employé dans les bureaux des administrations qui s'occupent en grand d'opérations géodésiques, de révisions ou opérations cadastrales, notamment en Suisse, en Autriche et en Allemagne.

11. — Les premières modifications que ce système a subies sont dues à un Suisse nommé Ernst; les deuxièmes à un nommé Haufen; les troisièmes à un nommé Metti; et, enfin, les quatrièmes à M. l'ingénieur-mécanicien Ausfeld, de Gotha.

Les hommes pratiques en général, et nous en particulier, ne saurions donc nous dispenser d'accorder un juste tribut d'éloges et de gratitude à ces divers innovateurs, pour leur succès et le progrès qu'ils ont imprimé à l'art géodésique et iconographique: leurs divers planimètres renferment des combinaisons inattendues et des plus ingénieuses; car ils donnent la transformation et l'addition sommaire des bases et hauteurs des triangles ou trapèzes de même hauteur contenus dans chaque polygone régulier et irrégulier, et la sous-division de la surface en *hectares*, *ares* et *centiares*, sur leurs divers cadrans, comme la roulette Rigaux, par un seul moteur ou *index*, disposé pour cet effet sous une *loupe*, et auquel on se contente de faire parcourir la *périférie* de chaque polygone ou parcelle à calculer.

Quant à l'exactitude des résultats qu'on en obtient, elle est subordonnée à la perfection du mécanisme et à l'adresse du conducteur de l'*index moteur*; en d'autres termes, elle est ce que toutes les opérations graphiques du même genre doivent produire et permettre d'obtenir. par la difficulté d'appréciation des petites fractions d'unité de l'échelle sur laquelle l'on opère, c'est-à-dire une approximation égale à celle obtenue avec tous les instruments usuels employés avec intelligence. On sait que, malgré toutes précautions, les instruments les mieux faits ne donnent en général que l'approximation du $50^{me}$ au $500^{me}$, plus ou moins, suivant la grandeur de l'échelle adoptée, approximation qu'on est forcé d'admettre, faute de mieux, lorsqu'on est dépourvu des données élémentaires qui ont servi à la construction des plans à calculer.

### Art. 2. — *Système Laur.*

12. — Ce système, venu immédiatement après celui de M. Rigaux, en 1809, — système qui est aujourd'hui le plus répandu en Europe, — consiste dans la transformation de tout polygone de plus de quatre côtés, en son triangle ou quadrilatère équivalent, et dans la mesure immédiate de la surface du triangle ou du quadrilatère, *à vue de nez, sans autres opérations graphiques, ni arithmétiques* (1).

13. — Cette double opération de transformation et de mesure superficielle de chaque parcelle s'effectue avec une rare précision, avec un instrument nommé olarithme (2). Ce même instrument donne également à vue, comme la montre donne l'heure, la solution graphique d'un nombre infini de problèmes arithmétiques et géométriques, et remplace avantageusement le rapporteur, l'échelle et le compas de main pour la construction des plans géométriques, et les profils des nivellements, etc., etc.

Cet instrument est surtout d'une application on ne peut plus simple, et à la portée de quiconque sait lire les nombres. Il se compose de deux seules pièces ajustées ensemble, d'un poids minime et d'un volume à mettre en poche.

La pièce la plus importante consiste en une plaque de *cristal*, de *talc* ou de *corne* transparente, de un à deux décimètres de longueur sur cinquante centimètres à un décimètre de largeur, et sur laquelle plaque l'on a tracé un certain

---

(1) Nous soulignons exprès ces quelques mots, pour prévenir le lecteur que certains systèmes qu'on oppose à celui-ci n'évaluent la surface d'un triangle qu'après une *double* et souvent *triple transformation*, des plus chanceuses.

(2) Etimologie grecque, qui signifie : Calculateur universel. L'olarithme est reproduit aux figures placées à la fin de cette Notice.

nombre d'*hyperboles* avec leurs *abscisses* et *ordonnées* correspondantes, comme l'indique le rectangle fig. 3.

La deuxième pièce est tout simplement une *règle à roulettes*, c'est-à-dire une règle en bois dur portant un axe mobile, ajusté à ses extrémités à deux petites roues frisées de même diamètre, qui permettent d'imprimer à l'axe et à la règle un mouvement parallèle de va-et-vient dans tel sens que l'on désire, et tel que l'exigent toutes les transformations, constructions, superpositions et calculs graphiques des figures géométriques en général, et ce, plus promptement et plus correctement qu'avec les procédés ordinaires. (Voir, pour l'ensemble, la pl. v, 1$^{er}$ vol. de la *Géométrie pratique*.)

## PRINCIPE ET APPLICATION PRATIQUE DE L'OLARITHME.

14. — Toute surface agraire, ou décrite géométriquement sur un plan, peut être obtenue par le produit de deux facteurs $x$ et $y$; et ce produit, que nous représenterons par $\frac{S}{1}$, comme étant le rapport direct de la surface à l'unité carrée de la mesure qui a servi, soit au levé, soit à la construction du plan, ce produit, disons-nous, exprime, géométriquement parlant, un rectangle sommaire de la quantité d'unités carrées contenues dans la surface mesurée, placées les unes à la suite des autres, ou, en d'autres termes, un rectangle ayant pour *hauteur* l'unité de mesure courante, et pour *base*, autant d'unités courantes qu'il y a d'unités carrées dans la surface mesurée.

15. — Il va sans dire que, lorsque nous comparons les produits de deux facteurs numériques avec ceux de deux facteurs linéaires quelconques, nous considérons ceux-ci comme divisés, ou comme susceptibles d'être divisés en un nombre de grades égal aux unités des premiers. Il doit être encore bien entendu que, quoique la surface se compose de deux dimensions, elle n'est nullement le produit desdites dimensions, parce qu'on ne multiplie pas une ligne par une ligne, ou deux choses de même nature l'une par l'autre, et que, dans ce cas, on est censé faire abstraction de l'espèce dans le facteur multiplicateur. Il n'y a donc que répétition

— 12 —

réciproque d'un facteur par l'autre autant de fois que celui qui est pris pour multiplicateur contient l'unité de composition.

En conséquence, dans la composition d'une surface par deux facteurs, le multiplicande ne doit pas être considéré comme une quantité purement linéaire, ou décomposée en un certain nombre d'unités linéaires, puisque, d'après la théorie, la ligne n'a pas de largeur, et n'est susceptible d'être multipliée qu'additivement en longueur. Le facteur, pris pour multiplicande dans la composition de toute surface, représente donc toujours un rectangle qui a pour hauteur l'unité de mesure, et lequel rectangle est répété autant de fois que cette unité de mesure est contenue dans le facteur multiplicateur.

16. — Si nous considérons encore que le rapport générique $\frac{S}{1}$, applicable à toute surface donnée, peut être considéré comme une quantité constante susceptible d'être transformée en autant de rectangles équivalents qu'on désire, et prendre pour emblème l'équation, la forme et les propriétés de l'hyperbole équilatère rapportée à ses asymptotes, pour exprimer, d'un seul trait, ou par sa forme exceptionnelle, tous les rapports d'équivalence dont est susceptible le produit desdits deux facteurs $x$ et $y$... tels que ceux-ci : $\frac{S}{1} = \frac{S}{2} = \frac{S}{3}$ ..... $\frac{S}{n}$; il s'ensuit évidemment que tout rectangle ou triangle, qui aura pour base l'abscisse et pour hauteur l'ordonnée du même point d'une hyperbole, aura une surface complétement déterminée.

17. — En effet, on sait qu'en pareil cas on a l'équation $xy = a^2 = \frac{m^2}{2}$, (voir figure 1$^{\text{re}}$); $m$ étant le demi-axe, $x$ l'abscisse comptée du centre, $y$ l'ordonnée, $a$ la moyenne proportionnelle entre les facteurs $x$ et $y$.

Puisque le produit de l'abscisse par l'ordonnée est une quantité constante dans chaque hyperbole, et varie d'une hyperbole à l'autre, ainsi que l'axe $m$, il s'ensuit que, dans chaque hyperbole, à mesure que $x$ augmente, $y$ diminue, et réciproquement.

Soit, par exemple, une hyperbole dans laquelle $a^2$ ou $\frac{m^2}{2} = 36$; on aura $xy = 36$; si $x = 2$, $y = 18$; si $x = 3$, $y = 12$; si $x = 4$, $y = 9$; si $x = 6$, $y = 6$.... si $x = 9$, $y = 4$, etc., (même figure).

Soit une seconde hyperbole, décrite sur les mêmes axes et dans les mêmes asymptotes, dans laquelle $a^2$ ou $\frac{m^2}{2} = 64$; on aura $xy = 64$; si $x = 2$, $y = 32$; si $x = 4$, $y = 16$; si $x = 8$, $y = 8$; si $x = 32$, $y = 2$, etc., c'est-à-dire que si les abscisses croissent selon une progression géométrique quelconque, les ordonnées décroissent selon une progression dont la raison est la réciproque de la première.

18. — La difficulté est donc de construire exactement, entre deux asymptotes rectangulaires, un certain nombre d'hyperboles dont les puissances $a^2$ ou $\frac{m^2}{2}$, répondent ou facilitent l'appréciation de tous les produits formés avec deux nombres ou facteurs linéaires donnés. Si on connait les deux facteurs $x$ et $y$, la valeur de $a^2$ ou $\frac{m^2}{2}$ dans l'hyperbole correspondante fera connaitre le produit numérique cherché, et réciproquement si l'on connait le produit et un facteur, par exemple $x$, l'ordonnée correspondante fera connaitre $y$, et au sommet de la courbe les grandeurs $a$ et $m$.

19. — Ici se présente une question préjudicielle, depuis longtemps débattue et résolue, mais que certains contradicteurs systématiques remettent de loin en loin, à l'ordre du jour, sans pouvoir la justifier ou du moins la résoudre par tout autre système.

L'olarithme a pour principal inconvénient, nous disent nos contradicteurs ou promoteurs de *planimètres à échelles à surfaces*, celui de ne pouvoir admettre une graduation hyperbolique qui exprime correctement les produits $xy$; ou, en d'autres termes, de ne pouvoir admettre qu'un certain nombre d'hyperboles, exprimant les produits $xy$, ou surfaces des triangles ou quadrilatères, que par ares, décares, hectares, c'est-à-dire, par dizaines et centaines de mètres carrés, ou de cinq cents en cinq cents, ou de mille en mille mètres carrés, selon la grandeur des figures et des échelles des plans à calculer, et d'obliger ainsi l'opérateur à apprécier visuellement la position des courbes ou grades intermédiaires qui manquent et qui répondent aux dizaines et centaines, ou quantités numériques dont la construction du planimètre fait abstraction, ce qui doit exposer à des erreurs ou méprises graves et qu'on évite avec une série d'échelles graduées.

20. — Pour répondre en peu de mots, et d'une manière générale, à de pareilles objections, il suffirait de dire que ces mêmes inconvénients se rencontrent dans tous les systèmes, ou encore de poser en fait qu'il n'existe aucun procédé graphique qui ne soit subordonné à des abstractions ou éventualités du même genre que celles qu'on attribue à l'olarithme : c'est-à-dire qu'il n'existe ni échelle à surface, ni procédé graphique d'aucune espèce qui puisse donner, avec des *facteurs linéaires*, la précision des facteurs numériques avec lesquels ils ont été produits, parce que les petites fractions d'unité de ces derniers ont échappé, soit aux sens du constructeur du plan, soit à son échelle d'appréciation, soit à l'ouverture et aux pointes plus ou moins effilées de son compas, et qu'il est plus difficile encore de les retrouver ou relever graphiquement sur les plans que de les y décrire. Ceci entendu et compris des vrais praticiens, nous nous contenterons de faire remarquer à ceux qui l'ignorent ou feignent de l'ignorer, savoir :

1° Que l'olarithme est la *souche mère* de toutes les échelles à surfaces graduées ou non graduées qu'on a préconisées jusqu'ici, c'est-à-dire une échelle logarithmique autrement élastique et riche en solutions qu'une ou plusieurs échelles graduées qui en dérivent, et qui ne peuvent en représenter qu'une partie *infime*, peut être la *millionnième* ou la *centmillionnième partie*.

21. — En effet, en supposant qu'on ne puisse diviser le

millimètre qu'en cent parties égales appréciables à la loupe, — on sait qu'on peut en compter bien au delà au microscope, — l'olarithme de deux décimètres de base sur un décimètre de hauteur pourrait produire à volonté dix mille échelles semblables à celles qui composent le nouveau planimètre Gelinsky, supposé perfectionné, qu'un géomètre belge a eu la simplicité de lui opposer, et qui ne peut admettre que très-incomplétement trois à quatre échelles graduées, et produire avec les ordonnées ou facteurs sous-multiples correspondants de soixante à quatre-vingt mille solutions, au lieu de vingt millions qu'en produit plus promptement et plus correctement l'olarithme par le croisement de ses ordonnées. Nous répéterons exprès les mots *plus promptement* et *plus correctement*, pour que le lecteur ne perde pas de vue :

1° Que l'olarithme, selon l'observation que nous avons faite plus haut (12), donne directement, sans transformation aucune, la surface de tout triangle et de tout quadrilatère, tandis que le planimètre Gelinsky qu'on lui oppose ne donne que la seule surface du triangle en général après qu'il a été transformé en un ou deux autres triangles équivalents généralement obliqu'angles formés sur l'une des trois ou quatre hauteurs sous-multiples des échelles graduées que porte l'aile du planimètre, transformations indispensables qu'on n'obtient encore que par les procédés mécaniques les plus chanceux auxquels un praticien puisse s'exposer, ainsi que nous le démontrerons plus bas;

2° Qu'il admet, non-seulement la graduation hyperbolique qui convient à l'habile praticien, mais encore la graduation à parties égales, proportionnelle, progressive ou décroissante, avec toutes les sous-divisions que toute graduation est susceptible d'admettre sans *confusion*; — bien entendu qu'une graduation confuse est plus dangereuse à admettre dans un petit espace que la *graduation visuelle* qu'un praticien exercé peut faire de ce même espace;

3° Enfin, et surtout, qu'il en est ici de la sous-division des dizaines et des centaines de mètres carrés décrites sur les échelles à surfaces, comme de la sous-division des unités des facteurs linéaires décrites sur les échelles proportionnelles ou à parties égales, pour exprimer les décimètres et centimètres, qu'on obtient à vue par simple approximation, et qu'aucune sous-division par lignes ou grades ne saurait faire mieux apprécier.

En effet, à l'échelle de 1 à 2,500, les sommets des angles des polygones, notamment ceux formés par des sections de côtés obliques les uns sur les autres, occupent une surface de un à deux mètres carrés. Très-hardie serait la supposition qu'on puisse se promettre d'enferrer, sous les pointes d'un compas de main, un côté de polygone ou l'une de ses diagonales ainsi indéterminés, et d'apprécier cette ouverture de compas à l'échelle de proportion, ou au décimètre gradué, *à un mètre près*. N'est-on pas dès lors exposé à des erreurs notables et progressives, puisqu'elles entachent au même degré les petites lignes ou bases et hauteurs des triangles, comme les grandes; que les erreurs se multiplient réciproquement; et qu'enfin une petite fraction ou grade d'une échelle à surfaces, qui est multiple de pareilles erreurs d'appréciation, couvre souvent plusieurs dizaines et centaines d'unités carrées, toutes choses que rendront évidentes les démonstrations qui vont suivre?

### Art. 3. — *Sur les échelles à surfaces.*

**22.** — Nous avons dit déjà (5) que le premier moyen économique qui s'offrit à l'esprit des géomètres en chef du Cadastre, en France, pour l'évaluation ou mesure graphique des surfaces agraires, fut celui de la transformation de toute parcelle de plus de quatre côtés en son triangle équivalent. Il ne restait donc plus qu'à simplifier, d'une part, le mécanisme de cette transformation, et, de l'autre, la mesure graphique des facteurs linéaires, ou bases et hauteurs des triangles ou quadrilatères qui devaient être calculés, et les opérations arithmétiques qui en étaient la suite. Mais de tels corollaires ne pouvaient tarder à poindre et à être mis aussitôt en pratique. Ils consistaient tout simplement dans la transformation directe de toute figure en un triangle d'une hauteur décimale, convenue d'avance et indiquée par la forme et la grandeur de chaque parcelle. Par cette transformation l'opérateur se trouvait dispensé de mesurer ce facteur indéterminé et généralement fractionnaire ; il n'avait plus qu'à multiplier la longueur de la base par un des huit premiers nombres, 2 à 9, ou par 10, ou par 100, 1,000, etc., en ajoutant un, deux ou trois zéros... à la suite de la valeur linéaire de ladite base, pour obtenir la mesure en mètres carrés de la surface à enregistrer.

23.—Ainsi, par exemple, voulant transformer et ensuite calculer, d'après une hauteur convenue d'avance, les polygones (*fig.* 9 et 10), en prenant pour base la ligne AB, on tracerait d'abord au crayon, *sur le périmètre* ou *hors le périmètre*, un trait parallèle à la base AB d'opération, et ce, à la hauteur de 20, de 40, de 60, de 80 ou de 100 mètres, plus ou moins, suivant sa convenance, en vue de déterminer d'avance le sommet du triangle équivalent dans la position la plus propre à lui donner une régularité convenable. L'on voit donc de prime abord que, dans cet exemple, c'est la hauteur ou parallèle à la base portant le chiffre 100 mètres, extérieure au polygone (*fig.* 9), qui convient le mieux, comme donnant le triangle ABC le plus régulier. Vient ensuite la hauteur cotée 80 mètres passant au point C', qui est préférable aux hauteurs inférieures cotées 60 et 40 mètres, auxquelles correspondent des triangles progressivement *moins bons* pratiquement parlant.

Dans la figure 10, au contraire, la hauteur 40 et celle 60, l'une intérieure et l'autre extérieure au triangle, paraissent convenir également à la transformation.

Enfin, cette transformation ainsi opérée, il ne reste donc plus qu'à mesurer la base et à la multiplier par les chiffres effectifs 4 ou 6, ou 8 ou 10 qu'indiquent les hauteurs correspondantes. Et, si nous supposons que la surface de la figure 9 soit de 85 ares, la base correspondant à la hauteur de 100 sera nécessairement de 85 unités exprimant des centaines, puisque $85 \times 100 = 85$ ares ; celle correspondant à la hauteur 80 sera de 106 mètres 25 centimètres, puisque $106,25 \times 80 = 85$ ares, etc. De même, si nous supposons que la surface de la figure 10 soit de 16 ares 20 centiares, la base correspondant à la hauteur de 40 sera nécessairement de 40 mètres 5 décimètres, puisque $40,5 \times 40 = 16$ ares 20 centiares, et celle correspondant à la hauteur 60 sera de 27 mètres, puisque $27 \times 60 =$ 16 ares 20 centiares, et ainsi de tous les cas semblables (1).

24. — Il va sans dire que tout praticien comprend déjà qu'avec un tel procédé, la mesure de chaque base, à l'échelle multiple de la hauteur adoptée, doit donner directement la surface cherchée, sans opérations arithmétiques, comme les planimètres, c'est à dire toujours à un certain nombre rond de dizaines, de centaines ou de mille mètres carrés près, puisque le résultat doit être multiplié par l'un des premiers nombres, 2 à 9, ou par l'une des huit premières dizaines 20 à 90, dix des premières centaines 200 à 900, etc. Les chances d'erreur sont donc subordonnées, ainsi qu'on l'a dit déjà, (20,3°), à la juste appréciation des bases à leur échelle correspondante, chose surhumaine, pratiquement parlant, ainsi que l'indique le tableau joint à ce travail donnant le rapport de l'unité d'une série d'échelles à surfaces à l'unité carrée correspondante, et la construction d'une seule courbe qu'on voit se rapprocher insensiblement de ses asymptotes sans pouvoir les rencontrer, puisque à mesure que l'abscisse augmente l'ordonnée diminue, etc., etc. (17).

### Art. 4. — *Système Gelinsky.*

25. — Le système Gelinsky est un diminutif du système Laur (art. 2) et est basé sur les mêmes principes que ceux de l'art. 3 qui précède, avec la seule différence que l'opération première de la transformation des figures au triangle équivalent s'exécute au moyen d'une *équerre pliante*, appuyée d'une règle, en face de l'équerre rectangulaire, et que la mesure superficielle du premier triangle équivalent obtenu n'est relevée qu'après une *seconde*, et quelquefois une *troisième transformation en un autre triangle équivalent d'une hauteur de 20, de 50, de 100 ou de 200 mètres*, correspondant aux

---

(1) Le triangle étant moitié du parallélogramme de même base et de même hauteur, on a soin de mesurer les bases à une échelle double de celle qui indique la hauteur, et, réciproquement, de la mesurer à l'échelle simple si la hauteur a été prise à l'échelle double.

trois ou quatre échelles à surfaces qu'on a eu soin de graver sur l'aile mobile de l'équerre pliante et d'y disposer, comme l'indique le rectangle (*fig.* 2), et ainsi que le décrit la figure première représentant la construction de l'olarithme.

26. — Il est utile de noter, pour la rareté du fait, que ce système, très-ingénieux et d'une utilité incontestable sous plusieurs rapports, fut cependant mis à *l'index*, dès son apparition, par l'administration supérieure, par cela seul que l'instrument ne laissait pas après lui les traces de son application aux figures à calculer (3); il fut mis ensuite à l'oubli, et dédaigné par les praticiens, par cette autre raison, plus regrettable que la première, que *l'aile*, qui est l'âme de ce planimètre controversé, ne peut admettre que 3 ou 4 échelles à surfaces au plus; que ces échelles, pour être appliquées aux polygones de toute grandeur, exigent, comme on vient de le dire, une double et triple transformation souvent vicieuse en pratique malgré la perfection qu'elle semble devoir atteindre en théorie; qu'elles présentent dans l'application les chances les plus regrettables, se dérobent en quelque sorte à toute espèce de contrôle, reposent sur des éléments disproportionnés avec les bases qu'il faut déterminer, et enfin réclament de mesurer ces bases par une dernière *transposition excentrique*, qui exige une perfection dans la construction de l'instrument difficile à atteindre, et une plus rare habileté encore dans celui qui l'emploie.

En voici, ci-après, les preuves évidentes, déduites de la description et application théorique et pratique, que nous en a faites un *intrépide rival*, nommé Dasnoy, géomètre surnuméraire du Cadastre en Belgique; description et application d'où il résulterait, selon nous du moins, qu'il n'a encore compris ni la *portée*, ni l'*utilité*, ni l'*origine* de l'instrument qu'il préconise, après avoir consacré 20 ans à le perfectionner...!

Les quelques lignes qu'on va lire, extraites de l'*exorde* placé en tête de l'instruction pratique qu'en a donnée ce nouvel adepte, pour détrôner, dit-il, l'olarithme qui lui fait ombrage dans les bureaux des conservations cadastrales, donneront au lecteur et praticien sérieux la mesure de son expérience et du mérite des perfectionnements qu'il a pu apporter à cet instrument, généralement et depuis longtemps apprécié; mais d'une exactitude non moins problémathique que celle de tous les planimètres connus.

27. — « L'instrument Gelinsky, nous dit M. Dasnoy, « présentait jusqu'ici les INCONVÉNIENTS LES PLUS GRAVES, « mais l'ayant jugé susceptible de rendre les plus grands « services, etc...

« Après plusieurs années d'essais, de méditations et de « pratique, je suis parvenu à le rendre assez parfait pour « qu'il puisse *défier, en ce qui concerne l'exactitude, toute* « *espèce d'instruments et de procédés connus, et procurer, sous* « *le rapport de la célérité, une économie de temps que l'on peut* « *hardiment estimer aux deux tiers...!* »

28. — Enfin il prétend avoir poussé la perfection à un tel degré que les constructions géodésiques les plus ardues sont des jeux d'enfant; qu'en se procurant, bien entendu, son planimètre, — calculateur-rapporteur, un peu plus cher à la vérité que l'olarithme, beaucoup plus lourd et peu maniable, — on peut se passer désormais de l'emploi de la règle, du compas et de l'équerre à main, du rapporteur, de l'échelle proportionnelle et de tous leurs accessoires, « en « un mot, nous assure-t-il, *faire avec la plus grande célérité* « *et exactitude possibles, toutes les opérations graphiques re-* « *latives à la construction* ET AU MESURAGE DES PLANS « D'ARPENTAGE...!! »

*N. B.* Si nous comprenons bien cette locution emphatique, M. Dasnoy serait parvenu, en 20 ans de temps, à donner au calculateur Gelinsky (présentant jusqu'à lui les *inconvénients les plus graves*), les propriétés inouïes de *mesurer ce qui est arpenté, ou d'arpenter l'arpentage...!!*

### DESCRIPTION PRIMITIVE.

29. — La description que nous transmet M. Dasnoy a été calquée sur celle de M. Gelinsky, et peut se résumer aux quelques lignes qui suivent :

« Le *calculateur-rapporteur* est un instrument en cuivre, composé de deux parties principales, le *fût* et *l'aile*. Cette dernière est liée à la première par une charnière qui lui permet de pivoter sur son centre. L'aile, dont le bord gradué se nomme *bord central*, est percée de trois ouvertures parallèles entre elles, appelées *fenêtres*, dont les bords sont gradués. Les grades du bord central représentent chacun 20 *centiares*, c'est-à-dire les unités de l'échelle à surfaces applicable aux triangles équivalents décrits sur la hauteur de 20 mètres, et dont la base doit être multipliée par 10 (*fig.* 2).

« Les grades de la première fenêtre, correspondant à ceux du bord central, doivent représenter chacun 50 *centiares*, c'est-à-dire les unités de l'échelle à surfaces applicable aux triangles d'une hauteur de cinquante mètres, et dont la base doit être multipliée par 25.

« Enfin les grades de la deuxième fenêtre correspondant à ceux du bord central doivent représenter chacun un are, ou cent mètres carrés, c'est-à-dire la grandeur de l'unité de l'échelle à surfaces applicable aux triangles d'une hauteur de cent mètres, et dont la base doit être multipliée par 50, etc...

« En dessous du fût, le long du bord intérieur est pratiquée une *rainure* dans laquelle se place la banquette d'une règle pour diriger le glissement de l'instrument dans le sens de la longueur, etc... »

### PRINCIPE.

30. — L'auteur primitif, géomètre hors ligne, avait basé son instrument sur ce principe de fait, savoir : « que, tout triangle étant moitié du parallélogramme de même base et de même hauteur, sa surface était nécessairement égale au produit de la base par la moitié de la hauteur, etc. » Mais, M. Dasnoy, voulant renchérir et surpasser le maitre, met le *corollaire* à la place du *principe*, et les *faits* à la place des *causes* dans leur application...

En effet, d'après M. Dasnoy, « le principe veut que la « surface de tout triangle ayant 20 mètres de hauteur soit « égale à la longueur de la base multipliée par 10, etc., « etc...!! »

## PROCÉDÉ ET DÉMONSTRATION.

**31.** — « Il existe, nous dit M. Dasnoy, trois méthodes
« de calculer un triangle (1) :

1<sup>re</sup> *méthode.* — « Si vous vous servez du côté AB pour
base (*fig.* 4), placez l'instrument contre cette ligne, centrez
en A, ouvrez en B, à la première fenêtre, poussez en C, et
lisez la contenance.

« En effet, si après avoir placé et centré l'instrument,
vous ouvrez à la première fenêtre, et que vous traciez la
ligne AB, suivant le bord central, cette ligne passera à 20
mètres du point B, puisque c'est cette distance qui sépare le
bord central du bord inférieur de la première fenêtre. Si,
d'un autre côté, vous tracez par le sommet C du triangle une
ligne DE, parallèle à la base AB, et que vous joigniez le
point d'intersection de ces deux lignes E, au point B, le
triangle ABE sera équivalent au triangle ABC, puisqu'ils
ont une base commune AB, et des hauteurs CF et EG
égales, comme côtés opposés d'un rectangle : or, en prenant
pour base du triangle ABE le côté AE, la hauteur du triangle sera de 20 mètres, et la contenance, qui sera également celle du triangle primitif, sera égale à cette ligne AE
multipliée par 10. Ensuite, si, en laissant à l'instrument
l'ouverture qui lui a été donnée pour tracer la ligne AE, on
le fait glisser suivant la ligne AB, jusqu'à ce que le sommet
C touche le bord central, on obtiendra la ligne HC, égale à
AE, comme côtés opposés d'un parallélogramme, et il suffira de compter sur le bord central la distance comprise
entre le centre de l'instrument qui se trouve au point H, et
le sommet C du triangle, c'est-à-dire de lire la contenance
en C.

**32.** — 2<sup>e</sup> *méthode.* — « Si vous êtes obligé de
vous servir du côté AB du triangle ABC (*fig.* 5), comme
base, cette distance étant trop courte pour permettre d'ouvrir, même au bord supérieur de la première fenêtre, il faut

---

(1) La théorie en indique par centaines, bien plus simples et moins chanceuses dans la pratique que celles connues de l'innovateur...!

— 23 —

transformer le triangle en un autre ayant une base plus longue, de la manière suivante (1) :

« Placez contre AB, centrez en A, ouvrez en un point quelconque sur la ligne BC, pour servir de hauteur au nouveau triangle, par exemple en D, poussez en C; ouvrez en B, à la première fenêtre, poussez en D et lisez-y la contenance.

« En effet, si après avoir centré en A et ouvert en D, vous poussez en C, le bord central se trouvera sur la ligne CE parallèle à AF, et le centre de l'instrument en E, sommet du nouveau triangle EBD, équivalent au premier, puisqu'il se compose d'une partie ADB commune aux deux triangles, et d'une autre EAD, équivalente à ADC, comme ayant la base commune AD, et les hauteurs CF et EG égales.

« Il ne s'agit donc plus, après cette transformation, que de mesurer le triangle d'emprunt EBD, ce que nous avons fait en suivant la première méthode. »

33. — Ces deux seules démonstrations appliquées à la transformation mécanique et géographique du seul triangle par une série de superpositions et transpositions — occultes et sans contrôle apparent — de triangles obliquangles et par suite formés par des sections de lignes traînantes et indéterminées, basées sur des éléments disproportionnés avec les bases à déterminer et évaluer à l'échelle à surfaces, donnent à tout géomètre expérimenté la mesure de la confiance qu'on doit accorder à un tel système.

Nous croirions donc abuser des moments et de la patience du lecteur que de suivre le sieur Dasnoy dans la série de constructions, plus excentriques et plus compliquées les unes que les autres, qu'il a eu la simplicité de publier et de nous donner comme *parfaites et supérieures à tous les procédés connus*.

Toutefois, pour la règle et pour prouver à ce nouvel émule qu'il n'a pas la priorité du perfectionnement de l'in-

---

(1) Les bases de moins de 40 mètres à l'échelle de 1 à 2,500, étant couvertes par la charnière, on ne peut transformer ni calculer les petits triangles qu'en augmentant la dimension de ces petites bases, chose très-difficile à obtenir avec l'exactitude requise.

strument Gelinsky, qu'il patronne si chaleureusement, et qu'il n'en connaît qu'imparfaitement, soit l'*application*, soit l'*origine*, soit la *filiation*, nous ferons connaître en quelques lignes les perfectionnements qui sautent aux yeux de tous les vrais praticiens, et que nous lui avons donné dès son apparition (1).

34. — L'aile de l'instrument Gelinsky, par nous perfectionné, se compose d'une plaque de cristal ou de corne transparente comme celle de l'*olarithme* (voir les rect. figures 1, 2, 3), c'est-à-dire d'une *aile graduée* par des courbes hyperboliques, ou par parties égales ou décroissantes, selon qu'on emploie l'un ou l'autre des modèles que nous indiquons, et donnant ainsi, en un clin d'œil, sans transformation aucune, toutes les surfaces des triangles et quadrilatères en général, dont la hauteur ne dépasse pas 200 mètres, et la surface des figures qui exigent une transformation en triangles d'une hauteur de plus de 200 mètres, par des échelles graduées sur les hauteurs de 300, de 400, de 500 mètres, etc.; on sait, sur la seule ligne graduée de l'aile correspondante à la hauteur de 100, qu'il suffit, dans ce cas, de multiplier par 3, par 4, par 5, etc...

35. — Ce perfectionnement n'enrichit pas seulement l'instrument de plusieurs millions de solutions, décrites d'avance pour tous les triangles de moins de 200 mètres de hauteur, transformations qu'il faudrait déduire, d'après le mode Gelinsky et Dasnoy, au moyen d'éléments disproportionnés. Il donne en outre à l'instrument les moyens de contrôle apparents qui lui manquent; de plus, la *légèreté* et la *propreté* que lui refuse une *aile en cuivre*; et enfin la facilité de la *superposition* à substituer à la tangente sur *toutes lignes à mesurer ou figures à calculer*...

36. — Enfin le *fût* possède quelque chose de mieux que la *languette* dont le sieur Dasnoy nous dit avoir doté le mé-

---

(1) Les modèles de ces innovations primitives sont dans nos cartons à la disposition des amateurs qui désireraient les connaître. Ces mêmes modèles ont été soumis tout récemment (en 1857), à l'appréciation de M. Berard, directeur des contributions directes et du cadastre de la Belgique, et divers employés du cadastre ont été chargés par lui de les expérimenter et comparer avec celui du sieur Dasnoy.

canisme de va et vient de l'instrument sur sa règle d'appui ; car, ce même fût est en outre enchâssé et mobile, *à frottement gras et régulier, dans une règle à roulettes*, en tout semblable à celle de l'olarithme, pour pouvoir lui donner le mouvement parallèle, de va et vient, opposé à celui que lui imprime la règle d'appui ; de telle sorte que l'instrument acquiert ainsi le double avantage d'opérer au gré des géomètres, suivant les deux systèmes Gelinsky et Laur, sous un cadre très-restreint et à pouvoir mettre en poche : toutes choses superflues, du reste, puisque l'olarithme, tel que nous le donnons, réunit dans sa simplicité les avantages des deux systèmes sans en avoir les inconvénients qu'une organisation plus compliquée et plus coûteuse lui donnerait.

37. — Nous avons avancé plus haut (31[1]) que la théorie indiquait des *centaines* de méthodes de calculer un triangle avec l'instrument Gelinsky, beaucoup plus simples et moins chanceuses que les *trois* dont le gratifiait M. Dasnoy ; ce qui nous a forcés, à regret, de dire (33) qu'il n'en connaissait qu'imparfaitement encore l'*application*, l'*origine* et la *filiation*..!

En effet, pour s'en convaincre, et l'encourager surtout à persévérer et à étudier de plus près son *idole* de prédilection, nous lui donnerons ci-après, pour toute conclusion et rémunération de ses savantes critiques sur l'olarithme, *trois* à *quatre méthodes*, non moins rationnelles que celles qu'il nous donne, et que nous appliquerons aux mêmes triangles fig. 4 et 5, qui se trouvent dans son instruction pratique, par les nouvelles constructions, fig. 6, 7 et 8.

1re *méthode* appliquée à la fig. 7.

38. — Placez l'instrument (fermé sur sa règle d'appui) sur le triangle à calculer, de manière que le bord de la première fenêtre porte exactement sur la base AB, afin d'indiquer, par un trait au crayon sur le bord extérieur de l'aile croisant le côté BC du triangle, la hauteur 20, sur laquelle doit être décrit le triangle EBD qui sera parfaitement équivalent à celui ABC et à celui ABE de la 1re fig. 4, *quoique dissemblable*, puisqu'il aura même base et même hauteur.

Cette nouvelle transformation se fait rapidement en baissant et centrant le bord de l'aile de l'instrument sur AB, en ouvrant en D, en poussant le fût, jusqu'à ce que le bord de l'aile touche en C, en fermant et lisant en B la contenance.

2⁰ *méthode* appliquée au même triangle, fig. 8.

39. — S'il arrivait que la hauteur 50, comme dans cet exemple, donnât plus de régularité à la transformation que la hauteur 20, on baserait alors l'instrument, en portant la deuxième fenêtre sur AB, pour indiquer par un trait au crayon sur le prolongement, du côté BC, un point G, à la hauteur de 50 mètres, afin de pouvoir décrire le triangle équivalent A'BG, beaucoup plus régulier que celui EBD, produit par la hauteur 20.

Cette seconde transformation s'effectue avec la même facilité que celle qui précède, en centrant et basant l'instrument sur AB, en ouvrant l'aile sur AG, en ramenant le bord de l'aile sur C, en formant et lisant la surface sur B.

3ᵉ *méthode*, appliquée à la fig. G.

40. — On superposerait, comme dans les exemples qui précèdent, les bords de la fenêtre qui indiquerait la hauteur susceptible de convenir le mieux, intérieure ou extérieure, à la transformation à opérer, afin de déterminer sur le côté BC, ou sur son prolongement, l'un des points D, D' ou D''; après quoi, centrant et basant l'instrument sur AB, et ouvrant le bord extérieur de l'aile sur AD, ou sur AD', ou sur AD'', pour pousser l'aile ou la ramener sur C, de manière à déterminer au centre le point E, ou E', ou E'', sommets des triangles équivalents EBD, E'BE'E''BD'', il ne resterait plus qu'à fermer et à lire la contenance en B, correspondant à la base BE, ou BE' ou BE''...

Art. 5. — *Sur les divers systèmes basés sur les moyennes proportionnelles entre deux facteurs quelconques donnés.*

AUTRE SYSTÈME LAUR.

41. — On a vu plus haut (art. 2, 16-17), que l'hyperbole équilatère rapportée à ses asymptotes était la recherche ou le produit de toutes les couples de quantités entre lesquelles se trouve moyenne proportionnelle une quantité donnée ; ou, en d'autres termes, que dans chaque hyperbole, le

produit de l'abscisse par l'ordonnée correspondant à un point quelconque de cette courbe, représentait une quantité constante égale à *l'aire du carré de l'ordonnée a*, ou à *la moitié de l'aire du carré du $\frac{1}{2}$ axe m*, correspondant au sommet ou foyer de chaque hyperbole : ce qui s'exprime par l'équation emblématique $xy = a^2 = \frac{m^2}{2}$.

42. — Ainsi donc, toutes les fois qu'on superpose l'olarithme sur un triangle, comme cela se pratique lorsqu'on veut en évaluer la surface, on peut connaître, en même temps, la valeur linéaire des moyennes proportionnelles correspondantes entre la base et la hauteur, et donnant, soit le double, soit le quadruple de la surface du triangle, puisqu'elles se trouvent décrites et se réunissent au foyer de l'hyperbole même indicative de la surface de chaque triangle à calculer sans autre construction nécessaire.

Inutile d'ajouter, sans doute, que ces mêmes moyennes proportionnelles peuvent être décrites les unes après les autres sur une ligne ou échelle à grades progressivement décroissants comme l'indiquent les foyers des courbes hyperboliques, tant sur le grand axe que sur les ordonnées correspondantes (*fig.* 1).

43. — Enfin tout géomètre sait encore que, dans le cercle (voir fig. 11), toute perpendiculaire CD, abaissée de la circonférence sur le diamètre, est moyenne proportionnelle entre les deux segments adjacents AD et DN, et que la corde AC est moyenne proportionnelle entre le segment AD, et le diamètre AN, c'est-à-dire que $CD^2 = AD \times DN$ ; et que $CA^2 = AD \times AN$.

44. — On peut donc construire un planimètre, presque aussi utile et expéditif que l'olarithme pour les cas où il ne s'agit que d'obtenir la transformation et la mesure graphique des surfaces d'un parcellaire décrit sur un plan, en combinant l'une desdites échelles à moyennes proportionnelles avec un certain nombre de *demi-cercles tangents*, suivant le modèle (*fig.* 3) que nous avons publié en même temps que l'olarithme.

45. — Ce planimètre est construit comme l'olarithme sur une corne transparente rectangulaire, ajustée à une *règle*

à *roulettes mobiles*, qui sert ainsi à lui imprimer tel mouvement parallèle qu'on désire, ou que nécessite la transformation de tout polygone de plus de quatre côtés à calculer en son triangle équivalent. Le bord A$x$ indique les seuls grades exprimant la hauteur des moyennes proportionnelles décimales, ou centésimales, afin d'éviter toute confusion dans leur numérotage, où l'on voit que les seules nombres 10, 50, 100, 200, 300, 400, 500, 1,000, etc., peuvent y trouver place, et laisse à l'aptitude du praticien, comme dans l'olarithme, le soin d'apprécier visuellement les grades des unités, dizaines, ou centaines intermédiaires, qui sont négligés comme ne pouvant que porter la confusion et non la rigoureuse précision, qui est subordonnée, ainsi qu'on l'a dit déjà, à la grandeur de l'échelle adoptée, et à la difficulté d'apprécier graphiquement la véritable grandeur linéaire des facteurs sous-multiples, ou bases et hauteurs des triangles à calculer.

46. — Enfin des parallèles transversales correspondant aux grades de cette échelle à surface, et un certain nombre de demi-cercles concentriques décrits par la base AY, en correspondance aux seules dizaines de l'échelle du plan qui s'y trouve graduée, de deux en deux mètres, complètent cette construction. On comprend, à la première vue d'un instrument ainsi composé, qu'en le superposant sur un triangle donné, tel que celui ABC, ou celui AEF, qui se trouvent décrits sur ce modèle, et en prenant avec précision au compas la hauteur CD, ou celle FG, pour les ajouter à la base AB et à celle AE, afin de découvrir les points E et E', on connaisse aussitôt les diamètres $ab'$ et $ae'$, et les cercles $amb'$ et $ane'$ sur lesquels doivent être décrites ou aboutir les moyennes proportionnelles à mesurer à l'échelle à surfaces, dont les grades s'étendent sur toute la plaque ; moyennes proportionnelles qui sont ici indiquées par les hauteurs $bm$ et $en$, correspondant aux grades de l'échelle à surfaces numéros 2470 et 3300 ; c'est-à-dire à une surface de 4 ares 70 centiares environ pour le premier, et à celle de 33 ares environ pour le second.

Nous n'avons pas besoin de faire remarquer, que la simplicité de la construction et de l'application, son prix et son poids, doivent encore le faire préférer au *calculateur-rapporteur en cuivre, très-cher et très-chanceux*, patronné par M. Dasnoy...

## SYSTÈME CROGNIER.

**47.** — Le planimètre Crognier repose sur les mêmes propriétés des moyennes proportionnelles que l'on vient d'indiquer, avec cette seule différence qu'on fait usage de la corde CA, fig. 12, donnant le quadruple de la surface du triangle, et, pour leur appréciation, d'une échelle parabolique, dans laquelle les abscisses sont proportionnelles, comme on sait, aux carrés des ordonnées correspondantes ; ou, en d'autres termes, que les carrés des ordonnées sont entre eux comme les abscisses correspondantes.

En conséquence, pour avoir la surface du triangle ABC, par exemple, même fig. 12, M. Crognier est obligé de prendre au compas la hauteur CD ; de la porter de A en E, sur la base AB ; d'élever la perpendiculaire EF, et d'enferrer au compas la corde AF, pour la porter sur son échelle parabolique, en la manière ci-après indiquée.

**48.** — Pour construire cette échelle, on trace, comme l'indique la *fig.* 13, vingt parallèles à la base AN, et on décrit du point V une première partie de parabole VH, une seconde partie de I en K, une troisième partie de F en G, et ainsi de suite.

En conséquence, si la première ordonnée, numéro 500, est égale à la moyenne proportionnelle entre la hauteur et le double de la base d'un triangle ($AF'=AE \times AN$) (*fig.* 11 et 12) d'une surface de 500 mètres carrés, la seconde, numéro 1,000, sera la moyenne proportionnelle qui donnera l'aire d'un triangle de 1,000 mètres carrés ; la troisième, la moyenne proportionnelle qui donnera l'aire d'un triangle de 1,500 mètres carrés, et ainsi de suite, jusqu'à l'ordonnée XH, qui donnera l'aire de 10,000 mètres carrés, et sera reportée de V en I, pour tracer la seconde partie de la même parabole en continuation de la première. Les ordonnées correspondantes exprimeront naturellement, et progressivement, des 10, 500, des 11,000, des 11,500 mètres carrés, etc.

— 30 —

49. — Ainsi, après avoir décrit au compas la corde AF, moyenne proportionnelle entre la hauteur et le double de la base du triangle à calculer, d'après le mode que nous venons d'indiquer, on porte, au compas, la longueur de cette corde sur l'échelle parabolique, et l'on cherche à laquelle ordonnée de la courbe il faut la comparer pour avoir le nombre de mètres carrés qu'elle représente. Dans ce cas, la dite corde AF, indiquerait, à cette échelle, une surface d'environ 45 ares à l'échelle parabolique, et ainsi de suite.

### SYSTÈME CAUBET.

50. — Le procédé Caubet est entièrement basé sur le système Laur qui précède (41 à 47), avec cette différence que la moyenne proportionnelle, entre la base et la hauteur de chaque triangle à calculer, s'obtient par l'assemblage de règles à coulisse et d'une équerre mobile qui placent chaque triangle sous la même construction qu'indique l'un des triangles ABC ou AEF, ou AIF, sous le planimètre, fig. 1 et 2, pour déterminer la seule *valeur linéaire* et non superficielle, correspondant à la moyenne proportionnelle $bm$, $en$, ou $io$. On obtient ensuite l'aire du carré de cette moyenne proportionnelle au moyen d'une table numérique, composée tout exprès par l'auteur Caubet et divisée en huit colonnes horizontales qui contiennent, la première, la moitié des carrés de la suite naturelle des nombres ou tiers, depuis 1 jusqu'à 100 ; la deuxième, la moitié des carrés de cette même suite des nombres, augmentés chacun d'un quart, la troisième, d'une moitié, la quatrième, de trois quarts. Les autres colonnes ne sont plus qu'une même répétition de plus forts nombres.

On observe que M. Caubet n'admet pas dans son système la transformation des figures, en général, au triangle équivalent, et qu'il est, par suite, obligé de sous-diviser chaque figure en autant de triangles qu'elle a de côtés, moins deux, et d'en faire ensuite l'addition au moyen d'un second instrument qu'il nomme *limbe sommatoire*.

Enfin, en terminant l'exposé et l'application de ses divers procédés, il fait observer, que son calculateur n'est pas propre aux petites parcelles ayant moins de 40 mètres de largeur à l'échelle de 1 à 2,500, telles que maisons, jardins, etc., et qu'il faudra toujours les calculer avec l'échelle et le compas, et les tables de multiplication.

Tels sont les sept planimètres ou calculateurs graphiques qui ont été employés avec plus ou moins de succès pendant la période 1808 à 1859. Il en existe, sans doute, beaucoup d'autres que nous ne connaissons pas, et qu'il serait utile de publier dans l'intérêt de l'art géodésique et iconographique ; aussi, avons-nous tout lieu d'espérer que leurs divers auteurs, suppléeront à notre insuffisance et compléteront la nomenclature que nous regrettons de laisser inachevée, faute de renseignements suffisants.

Rouen. — Typographie ANDRIEUX-LETELLIER.

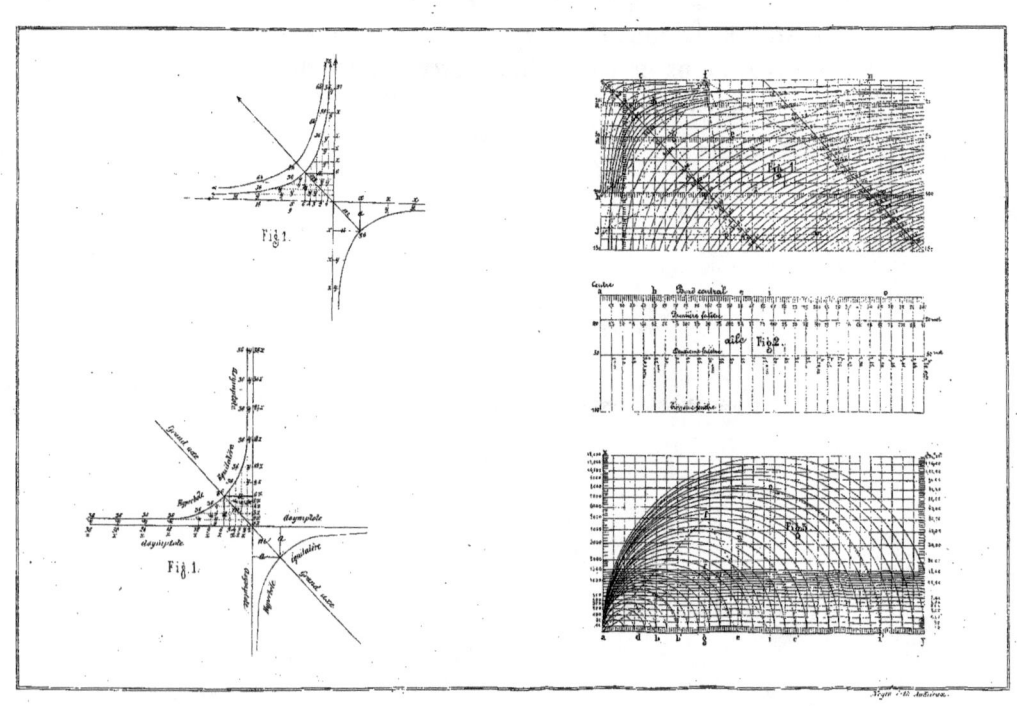

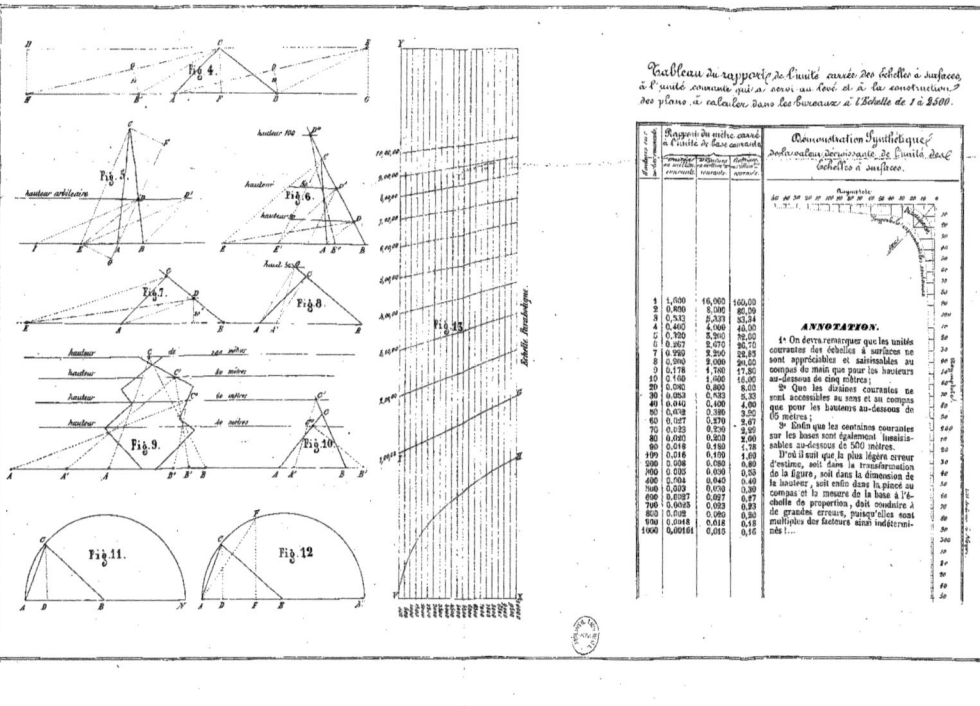

## OUVRAGES DU MÊME AUTEUR :

EXAMEN CRITIQUE DU GRAND-LIVRE TERRIER de la propriété foncière. Terrier perpétuel automoteur. Un volume in-8. Prix : 2 fr.

GÉODÉSIE PRATIQUE simplifiée et perfectionnée. 6ᵉ édition. Deux volumes in-8. Prix : 8 fr.

www.ingramcontent.com/pod-product-compliance
Lightning Source LLC
Chambersburg PA
CBHW060909050426
42453CB00010B/1630